¡Alegría en el mundo!

La Navidad en diferentes países

Escrito por
Kate DePalma

Ilustrado por
Sophie Fatus

Traducido por **María A. Pérez**

Barefoot Books
step inside a story

¡Ya casi es Navidad! Época de regocijo
en compañía de nuestros seres queridos.

Con María y José, alegres esperamos
esta ocasión que juntos celebramos.

El Día de las Velitas es espectacular.
Las calles se iluminan de forma peculiar.

La Navidad en Colombia comienza el
7 de diciembre con un despliegue de velas
y faroles llamado **Día de las Velitas**.

Colombia

Rezamos, prendemos las velas y pedimos un deseo.

Luego vamos juntos, dando un buen paseo.

Hacemos *kuswar* —pasteles y tartas— para compartir.

Preparar con cariño estas delicias, nos hace feliz.

En India, la Navidad es una época para reunirse a preparar y compartir unas golosinas llamadas **kuswar**.

Trabajamos la masa y mi *pai* fríe los manjares
que compartimos con amigos y familiares.

El Simbang Gabí dura nueve días.
Cada amanecer, rezamos con alegría.

A diario venimos, pues según la tradición,

se cumplen tus deseos al fin de la celebración.

En el **Simbang Gabí** en Filipinas, hay misa de madrugada en los nueve días antes de Navidad.

¡Mira la nieve! ¡Qué intenso es el frío!
Decorar el árbol de Navidad es lo que ansío.

Llevar un **árbol de Navidad** a casa para
decorarlo con adornos y lucecitas forma parte
importante de esta época del año en Canadá.

Canadá

Poco a poco colgamos los adornos en las ramas:
recuerdos compartidos con quienes nos aman.

En las posadas, representamos el momento
en que María y José buscaban alojamiento.

Cada noche tocamos a la puerta y cantamos,
y al rey recién nacido juntos le rezamos.

Durante **las posadas**, la gente en México representa la historia de María y José cuando buscaban un lugar donde alojarse.

Antes de la Navidad, mi familia ayuna.

Pasamos semanas sin fiesta ninguna.

En Egipto, la gente no come alimentos provenientes de animales en las semanas antes de Navidad y, para celebrar, **rompen el ayuno** con una gran comida.

En la Nochebuena, cuando el ayuno termina,
compartimos *fatteh* en una gran comida.

En la Genna nos ponemos nuestras mejores galas y alrededor de un *mesob* ¡comemos con ganas!

En **Genna**, los etíopes rompen el ayuno navideño con una comida que se sirve en un *mesob* o mesa en forma de cesta.

A la mesa, sabemos lo que debemos hacer.
¡Los unos a los otros nos damos de comer!

Celebramos la Navidad bajo el sol ardiente.

¡Por eso la playa está llena de gente!

Toma una pelota y un bate, y coloca los palos.

Vamos a jugar al críquet en este día tan soleado.

En la Navidad es verano en Australia, donde se suele pasar el día en la **playa**, disfrutando de un pícnic o jugando al críquet bajo el sol.

La noche de Epifanía, colgamos las botas de Navidad.
Y a la brujita Befana esperamos con curiosidad.

Y entonces cantamos: "¡Viva, viva la Befana!".
Felices al pensar en lo que nos dejará mañana.

La noche de Epifanía, los niños italianos esperan la visita de la **Befana**, una amable señora que llena las botas de regalos.

El piso cubrimos con paja en este día.

Colocamos golosinas, ¡y más paja encima!

En la Nochebuena en Serbia, los adultos juegan a ser gallinas que dejan caer golosinas en la **paja** que pusieron en el piso, ¡y los niños pían como pollos al recogerlas!

Serbia

Nosotros hacemos "píu" y los adultos "clo-cloc".
Recojamos las golosinas que mamá nos dejó.

En la Nochebuena, a misa juntos vamos
y el nacimiento de Jesús representamos.

En Argentina, la celebración empieza tarde en
Nochebuena, cuando los niños representan la historia
de la Navidad y luego disfrutan de una cena en familia.

Nuestra cena veraniega se sirve muy tarde.

Pasa de la medianoche, ¡y los ojos me arden!

¡Islandia se inunda de libros por Navidad!
Son el regalo ideal en esta festividad.

En la época navideña en Islandia se celebra la **Inundación de Libros por Navidad**. Se regalan libros y se disfrutan en familia en Nochebuena, después de cenar.

En la Nochebuena, reunidos al calor del hogar, leemos los libros que acabamos de intercambiar.

En la Navidad, construimos un nacimiento:

una cueva entre las rocas que sirve de aposento.

En Líbano, las familias construyen **nacimientos** y les ponen brotes de soya para aportar verdor. En Nochebuena se coloca una figurita del Niño Jesús en el pesebre.

En la Nochebuena, nos invade la ilusión.

¡Ya no falta nada! ¡Llegó el niño Dios!

Aunque se celebre de maneras distintas,
la Navidad es para muchos de gran importancia.

¡Jesús ha nacido! ¡Qué buena razón

para reunirnos en celebración!

¿Qué es la Navidad?

En la fe cristiana, la Navidad es la celebración del nacimiento de Jesús.

Según la Biblia, un conjunto de textos sagrados para los cristianos, Dios envió un ángel (un mensajero sagrado) a una joven llamada María, quien estaba prometida en matrimonio a un hombre llamado José. El ángel le dijo a María que quedaría encinta de un niño llamado Jesús, quien sería el hijo de Dios.

Cuando Jesús nació, María se encontraba lejos de su casa, en una ciudad llamada Belén. No había lugar disponible en la posada, así que María dio a luz donde dormían los animales. La visitaron los Reyes Magos (también llamados Magos de Oriente) con regalos para el bebé. La famosa historia del nacimiento del niño Jesús, reposando en un pesebre de paja y rodeado por María, José y animales de la granja, se conoce como Natividad o Navidad.

Billones de personas en todo el mundo celebran la Navidad cada año, generalmente el 25 de diciembre.

El Día de las Velitas en Colombia

* El Día de las Velitas se celebra en Colombia como día festivo nacional el 7 de diciembre. Este día marca el inicio de la época navideña.

* Las familias encienden velitas y una especie de farolitos en honor a María. Estas luces se colocan en las calles, en las ventanas, en los parques y en cualquier parte donde se puedan ver.

* Como Colombia se encuentra en el hemisferio sur, es verano en Navidad. En algunas partes del país, las velas se encienden la madrugada del día 7 después de celebrar toda la noche. En otros lugares pasan el día celebrando y esperan a que el sol se ponga para encender las velas.

* Muchas personas pasean por la ciudad, admirando las luces y las decoraciones navideñas de los negocios y de las casas. El buñuelo, una masa dulce frita, es un manjar especial de esta época del año.

Hacer *kuswar* en India

* Solo un 2% de la población de India celebra Navidad, pero algunas zonas tienen más población cristiana que otras. El 25% de la población de Goa, un estado de la costa suroeste de India, es cristiana.

* Una tradición navideña popular en Goa es hacer unas golosinas llamadas *kuswar* para compartir con los demás. Las familias se suelen reunir para hacer estas golosinas. Los niños pueden aprender las recetas de su *mai* o *pai* (mamá o papá). El *kidiyo* (o *kulkuls*), pedazos rizados de masa frita espolvoreados con azúcar, se llama así por su forma: ¡*kidiyo* significa gusano!

* En la mañana de Navidad, muchas familias desayunan juntas y comparten *kuswar* con sus amigos y seres queridos.

* Los servicios religiosos forman parte importante de la época navideña en Goa, así como hacer pesebres, también conocidos como nacimientos. En Nochebuena, se coloca una figurita del Niño Jesús en el pesebre a la medianoche.

Simbang Gabí en Filipinas

* Los nueve servicios religiosos de Simbang Gabí comienzan al amanecer el 16 de diciembre y terminan con un servicio a medianoche en Nochebuena. Aunque el nombre significa "misa de noche", las misas se celebran al amanecer para que así la gente pueda luego ir al trabajo.

* Las comunidades celebran con decoraciones coloridas, linternas *parol* en forma de estrella y un belén o nacimiento. Los *paroles* simbolizan la estrella de Belén que los Reyes Magos siguieron para encontrar al Niño Jesús.

* Se cree que si asistes a las nueve misas de Simbang Gabí, se cumple tu deseo navideño.

* En Filipinas, ¡las celebraciones navideñas duran casi cinco meses! Comienzan en septiembre con los preparativos iniciales y se prolongan hasta pasadas las primeras semanas de enero.

Los árboles de Navidad en Canadá

* En Canadá, un árbol de hoja perenne prepara la casa para la Navidad. Las familias decoran juntas con una variedad de adornos y escarcha destellante. Los adornos pueden representar recuerdos. Pueden ser caseros o ser delicadas obras de arte. Algunas familias se transmiten los adornos de generación en generación.

* Comer golosinas como galletas y escuchar música festiva hace que decorar el árbol sea una actividad familiar divertida. Algunas familias cuelgan botas para Santa Claus en la chimenea, quien se dice que visita los hogares en Nochebuena y deja regalos y dulces en las botas.

* Como los árboles de hoja perenne siempre están verdes, se han usado desde tiempos remotos como símbolo de una vida duradera. La tradición de poner un árbol en casa y decorarlo por Navidad comenzó hace siglos en Europa. Hoy en día son una parte importante de las tradiciones navideñas en todo el mundo.

Las posadas en México

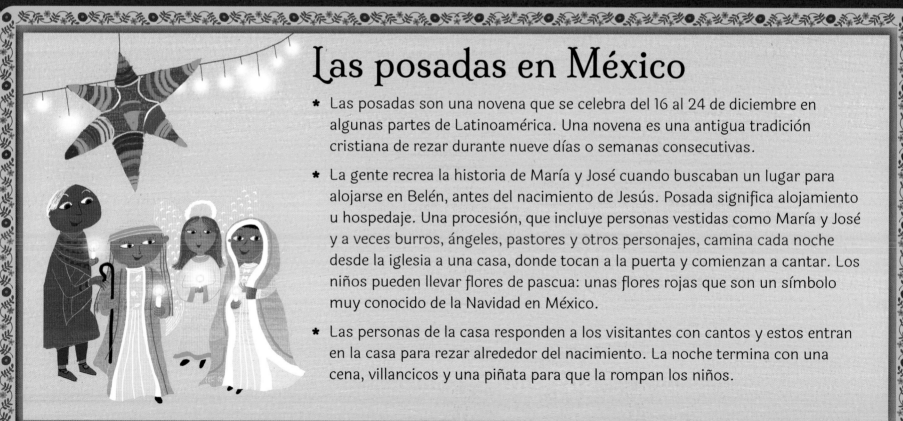

* Las posadas son una novena que se celebra del 16 al 24 de diciembre en algunas partes de Latinoamérica. Una novena es una antigua tradición cristiana de rezar durante nueve días o semanas consecutivas.

* La gente recrea la historia de María y José cuando buscaban un lugar para alojarse en Belén, antes del nacimiento de Jesús. Posada significa alojamiento u hospedaje. Una procesión, que incluye personas vestidas como María y José y a veces burros, ángeles, pastores y otros personajes, camina cada noche desde la iglesia a una casa, donde tocan a la puerta y comienzan a cantar. Los niños pueden llevar flores de pascua: unas flores rojas que son un símbolo muy conocido de la Navidad en México.

* Las personas de la casa responden a los visitantes con cantos y estos entran en la casa para rezar alrededor del nacimiento. La noche termina con una cena, villancicos y una piñata para que la rompan los niños.

Romper el ayuno en Egipto

* Los cristianos representan una pequeña parte de la población de Egipto y son, en su mayoría, miembros de la iglesia ortodoxa copta. Celebran la Navidad el 7 de enero.

* Durante 43 días se evita comer alimentos que provengan de animales (carne, huevos y leche). Cuando termina el ayuno de Navidad, se sirve una cena copiosa con muchos alimentos que no se podían comer durante el ayuno. Un plato popular es el *fatteh*, que consta de cordero, arroz y pan.

* La Nochebuena es una ocasión para vestirse de gala y reunirse. Las familias suelan mirar los servicios religiosos por televisión después de romper el ayuno. La misa puede durar varias horas.

* En lugar de regalos, las personas mayores de la familia regalan dinero a los más jóvenes. En la mañana del día de Navidad, las familias comparten *kahk*, un panecillo dulce, y toman té.

Genna en Etiopía

* Etiopía fue una de las primeras regiones del mundo en adoptar oficialmente el cristianismo. En la iglesia ortodoxa etíope, la Navidad se celebra el 7 de enero y se llama Genna.

* La mayoría de los cristianos ayunan 43 días antes de Genna, comiendo de manera sencilla una sola vez al día sin carne, leche, huevos o aceite. Muchos rompen el ayuno con *doro wot*, un guiso de carne y verduras servido en un pan delgado y esponjoso llamado *injera*. Un vino dulce llamado *tej* es también popular en Genna.

* Las familias comen alrededor de una mesa en forma de cesta llamada *mesob*. Cuando se retira la tapa del *mesob*, se ve la comida que compartirán entre todos. En la práctica de *gursha*, un miembro de la familia da de comer un pedazo grande de comida a otro con la mano.

* La preparación del café es toda una ceremonia en Etiopía, país en donde se dice que se descubrió. Los granos del café se tuestan mientras se quema incienso. Después, el café se sirve con cuidado en tacitas. El café se sirve en todas las ocasiones especiales.

* Etiopía es conocida por un deporte llamado Genna, que es similar al hockey sobre hierba y se juega solo en Navidad, pero esta tradición ha ido perdiendo popularidad.

Un pícnic en la playa en Australia

* Australia está en el hemisferio sur, por eso es verano en Navidad. Más del 80% de los australianos vive en la costa. A muchas familias les gusta tener la comida de Navidad al aire libre porque la playa suele ser el lugar más fresco en un día caluroso.

* Una barbacoa a la australiana suele incluir salchichas, hamburguesas, bistecs y camarones. De acompañamiento se sirve pan y mantequilla, pilas de cebollas asadas, variedad de ensaladas frías y muchas salsas.

* La gente juega al críquet en cualquier lugar: en la playa, en los parques, en la calle o en sus jardines. Mientras la comida se hace, ¡muchas familias toman sus bates y pelotas y se ponen a jugar!

* La Prueba del Boxing Day tiene lugar el día después de Navidad. Se trata de uno de los partidos de críquet más esperados del mundo. El equipo de críquet australiano se enfrenta a un equipo internacional. ¡Las entradas se agotan con meses de antelación!

La Befana en Italia

* La Epifanía se celebra tradicionalmente el 6 de enero. En el cristianismo occidental, la Epifanía indica el día en que los Reyes Magos visitaron al Niño Jesús.

* Según una leyenda italiana, los Reyes Magos pidieron a una anciana llamada Befana que los acompañara. Ella estaba muy ocupada con sus tareas del hogar, así que se quedó en casa. Al día siguiente trató de alcanzarlos, pero no los encontró. Ahora visita los hogares cada año en busca del Niño Jesús.

* En Italia, la Befana visita las casas la noche anterior a la Epifanía y llena las botas con golosinas y regalos para los niños que se han portado bien y "carbón" (que es, en realidad, un dulce) para aquellos que no se han portado bien. La mayoría de los niños recibirá los dos, ¡porque todos cometemos errores!

* Hay muchos poemas y canciones sobre la Befana. Una de las más populares dice: "¡Viva, viva la Befana!".

La paja de Navidad en Serbia

* Serbia tiene muchas tradiciones navideñas únicas. En la iglesia ortodoxa serbia, los doce días de Navidad son días de oración y de pequeñas celebraciones.

* Antes de la cena de Nochebuena, se elige un *badnjak* y se lleva a casa. El *badnjak* es una rama de roble con sus hojas que se quema en Nochebuena. Una vez que se selecciona y se bendice debidamente el *badnjak*, se esparce paja por el piso de la casa.

* Al irse esparciendo la paja, los adultos imitan a las gallinas diciendo "¡kvo kvo kvo!" y dejan caer golosinas en la paja. Los niños pían "¡piju piju!" como pollitos y buscan las golosinas.

* El 7 de enero, día de Navidad, las familias van a la iglesia y comparten *česnica*, un pan dulce con una moneda especial escondida en el interior, así como carne asada, chucrut y otros platos.

Nochebuena en Argentina

* En Argentina, la Navidad se celebra a lo grande en Nochebuena. Las celebraciones comienzan al atardecer con los servicios religiosos.

* En Nochebuena, los niños se arreglan y representan la historia de la Navidad. Estas obras navideñas se representan al aire libre porque es verano y hace calor. A medianoche se coloca el Niño Jesús en el pesebre.

* La cena se sirve tarde en la noche. Para comenzar el festín se sirven aperitivos como tomates rellenos, empanadas y melón con *prosciutto*, seguidos de carnes asadas y platos fríos. Un postre tradicional llamado pan dulce, que es un pan relleno con nueces y frutas, se disfruta con un pastel helado y turrón, un dulce con mezcla de cacahuates o almendras.

* Al final de la noche, las celebraciones continúan con fiestas, regalos y, en algunos lugares, ¡fuegos artificiales a la medianoche! Hoy en día los fuegos artificiales son menos comunes porque el ruido puede inquietar a las personas y a los animales.

Inundación de Libros por Navidad en Islandia

* En Islandia, se dice que trece Chicos de Navidad llamados Jólasveinar visitan los hogares cada día hasta la llegada de la Nochebuena, dejando regalitos en los zapatos. Cada uno tiene su propia personalidad. Si te portas mal, ¡encontrarás una papa cruda en lugar de una golosina!

* Como se suele regalar un libro durante los trece días, se publican muchos libros en Islandia justo antes de Navidad. Se compran tantos libros, ¡que a esto se le llama Inundación de Libros por Navidad o Jólabókaflóo!

* En Nochebuena, se comparte una gran cena que termina con unas galletas navideñas llamadas *jólasmákökur*. Después de la cena, las familias intercambian regalos, toman chocolate caliente y leen juntos sus nuevos libros.

* Cada palabra islandesa sobre la Navidad comienza con "jól" porque en islandés Jól es Navidad. En Islandia, para desear a alguien feliz Navidad se dice: "Gleoileg jól".

El nacimiento en Líbano

* El Oriente Medio es el corazón y el hogar de tres grandes religiones: el cristianismo, el judaísmo y el islam. En Líbano, los cristianos representan casi la mitad de la población.

* Dos semanas antes de Navidad, se ponen a germinar lentejas o frijoles. Para la Navidad, los pequeños granos se convertirán en brotes verdes, que representan una vida nueva.

* Las familias colaboran para construir un gran nacimiento en sus casas. Estas obras de arte suelen representar la ciudad de Belén que rodea una cueva donde María y José descansan. A medianoche en Nochebuena, se coloca a Jesús en el pesebre para simbolizar su nacimiento.

* En Líbano, Baba Noël trae regalos a los niños, especialmente a quienes más lo necesitan. Él no se esconde para dejar los regalos: ¡se los entrega directamente a los niños!

Nota de la autora

La historia de la Navidad proviene, en su mayor parte, de dos pasajes del Nuevo Testamento de la Biblia. A partir de estos dos pasajes cortos de los evangelios de Mateo y de Lucas, generaciones de personas han conocido la historia del nacimiento de Jesús. Billones de personas de diferentes países y culturas celebran la Navidad cada año. Este libro ofrece un vistazo de algunas tradiciones, ¡pero hay demasiadas maneras de celebrar la Navidad como para poder incluirlas todas en un solo libro!

La creación de este libro fue como algunas de sus escenas: mucha gente reunida para hacer algo especial. Colaboramos con nuevos y viejos amigos de las 13 culturas representadas en el libro para asegurarnos de que las palabras e ilustraciones contaran una historia vigente y precisa. El resultado es un festín para los sentidos, tan rico y agradable como la cena de Navidad con todos sus acompañamientos. Les estoy muy agradecida por su ayuda para dar vida a este libro, ¡y muy agradecida a cada uno de ustedes por leerlo!

— Kate DePalma

Nota de la ilustradora

Ilustrar este libro me ha traído recuerdos felices y me ha ayudado a descubrir muchas tradiciones navideñas bellas y encantadoras del mundo.

Cuando era niña, en Francia, mi papá solía hacer lamparitas de aceite con cáscaras de mandarinas por Navidad. Me encantaba el ambiente que creaban las velas, así como estar afuera de noche. Me daba la sensación de ser parte del universo. Así que tiene sentido que, de todas las tradiciones interesantes expuestas en este libro, lo que más me gustaría hacer es viajar a Colombia para el Día de las Velitas.

Intensos recuerdos sensoriales de la Navidad, como el sabor dulce de una mandarina, el olor del árbol y el resplandor de las luces, me han inspirado para crear las ilustraciones de este libro tan especial. Realicé las ilustraciones con diferentes materiales —acrílicos, lápices, *collage* y hasta elementos digitales— para dotarlas de intensidad, detalles y profundidad. ¡Fue muy agradable crearlo y espero que sea muy agradable leerlo!

— Sophie Fatus

Para mis compañeros de cuarentena: Big Ben, Katy, Annie, Benny, Nick, Stephanie, Sasha y Penny — K. D.

Para la encantadora Adele: ¡alegría cada día! — S. F.

Barefoot Books, 23 Bradford Street, 2nd Floor, Concord, MA 01742

Derechos de autor del texto © 2021 de Kate DePalma. Derechos de autor de las ilustraciones © 2021 de Sophie Fatus
Se hacen valer los derechos morales de Kate DePalma y de Sophie Fatus

Publicado por primera vez en los Estados Unidos de América por Barefoot, Inc. en 2021
Esta edición en tapa dura en español se publicó en 2023. Todos los derechos reservados

Traducido por María A. Pérez. Diseño gráfico de Sarah Soldano, Barefoot Books
Dirección artística de Kate DePalma, Barefoot Books. Notas educativas de Stephanie Thomas y de Kate DePalma
Reproducción de Bright Arts, Hong Kong. Impreso en China
La composición tipográfica de este libro se realizó en Gingers Slab, Milonga y Laila
Las ilustraciones se realizaron en diversos medios con pintura acrílica, *collage* y técnicas digitales

Edición en tapa dura en español ISBN 979-8-88859-044-7 | Libro electrónico en español ISBN 979-8-88859-053-9

La información de la catalogación de la Biblioteca del Congreso se encuentra en LCCN 2023933723

1 3 5 7 9 8 6 4 2

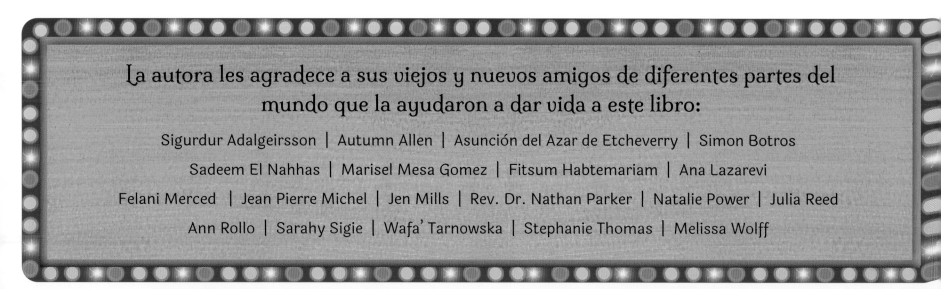

La autora les agradece a sus viejos y nuevos amigos de diferentes partes del mundo que la ayudaron a dar vida a este libro:

Sigurdur Adalgeirsson | Autumn Allen | Asunción del Azar de Etcheverry | Simon Botros

Sadeem El Nahhas | Marisel Mesa Gomez | Fitsum Habtemariam | Ana Lazarevi

Felani Merced | Jean Pierre Michel | Jen Mills | Rev. Dr. Nathan Parker | Natalie Power | Julia Reed

Ann Rollo | Sarahy Sigie | Wafa' Tarnowska | Stephanie Thomas | Melissa Wolff

A **Kate DePalma**
le encanta hacer casitas de jengibre,
decorar el árbol de Navidad y leer "Una visita
de San Nicolás" en voz alta al lado de la chimenea.
Ha escrito muchos libros infantiles, entre ellos,
Let's Celebrate: Special Days Around the World
y *Children of the World*, este último en
colaboración con Tessa Strickland.
Kate vive con su familia en Pittsburgh,
Pensilvania, EE. UU.

Sophie Fatus
tiene bonitos recuerdos de la niñez,
cuando hacía pudin de Navidad con figuras
divertidas y ponía elefantes de juguete en el
nacimiento familiar. Ha ilustrado muchos libros
muy queridos de Barefoot, entre ellos: *Yoga
Pretzels, If You're Happy and You Know It!* y
My Big Barefoot Book of Wonderful Words.
Sophie vive en Florencia, Italia,
con su pareja y dos gatos.